VIII
ABDERA IN THRAKIEN
IX
FLUSS THERMODON (TÜRKEI)
VI
SEE STYMPHALOS
I
NEMEA
MYKENE
LERNA
II
XII
TOR ZUR UNTERWELT
KRETA
VII

DIE ZWÖLF HELDENTATEN DES HERKULES

nach Gustav Schwab

Neu erzählt von Anna Kindermann

Mit Bildern von Timo Becker

KINDERMANN VERLAG

WIE ALLES BEGANN

Der berühmte Held Herkules lebte vor tausenden von Jahren im alten Griechenland, als Drachen und Götter noch die Erde bevölkerten. Sein griechischer Name lautet Herakles. Da er aber unter dem lateinischen Namen Herkules viel bekannter ist, wollen wir ihn auch in dieser Geschichte so nennen.

Als Sohn des großen Zeus, Vater aller Götter, und der sterblichen Königin Alkmene kam er als Halbgott zur Welt. Er war unermesslich stark, prächtig von Gestalt und hatte Augen, die glühten wie Feuer.

Schon als Kind genoss Herkules eine würdige Heldenerziehung und mit achtzehn Jahren nannte man ihn den schönsten und stärksten Mann Griechenlands. Seine gewaltige Kraft setzte er stets für das Gute ein: In gefährlichen Abenteuern bekämpfte der junge Held so viele Ungeheuer, bis ganz Griechenland von ihnen befreit war. Die Götter beschenkten ihn für seine Heldentaten reich mit einem prunkvollen Schwert, Pfeilen, einem goldenen Köcher und einem Waffenrock.

Obwohl es ihm an nichts fehlte, war Herkules jedoch zuweilen äußerst betrübt: Da er nur als Halbgott geboren wurde, durfte er nicht bei seinem Vater im Olymp leben. Es war ausschließlich Göttern und Göttinnen gestattet, auf diesem heiligen Berg zu wohnen. Auch heute noch ist der Olymp ein wichtiges Wahrzeichen Griechenlands. Kein Sterblicher konnte den Berg jemals erklimmen, und so wünschte sich Herkules nichts sehnlicher, als die Unsterblichkeit zu erlangen. Um ein leibhaftiger Gott zu werden, musste er aber noch viele Hürden überwinden:

Lange vor seiner Geburt war Herkules dazu bestimmt, König von Mykene zu werden, damals eine der bedeutendsten Städte Griechenlands. Doch die eigentliche Gemahlin seines Vaters Zeus, die Göttin Hera, gönnte Herkules den Thron nicht. Deshalb schwor sie ihm ewige Feindschaft und durchkreuzte die Prophezeiung mit göttlicher Kraft. So sorgte Hera dafür, dass der sterbliche Eurystheus und nicht Herkules zum Herrscher über das weite Land Mykene ernannt wurde.

Als Herkules' Ansehen im Land durch seine ehrenhaften Heldentaten stieg, wuchs in König Eurystheus der Neid. Der zunehmende Ruhm des Halbgottes drohte, seine Herrschaft über Mykene zu gefährden. Also rief er Herkules zu sich, um ihm zwölf gefährliche Arbeiten aufzutragen – denn er hoffte, dass der Halbgott diese Abenteuer nicht überleben würde. Der Held weigerte sich zunächst – einem Sterblichen dienen zu müssen, und dazu noch Eurystheus, der ihn mit Heras Hilfe um seine Krone betrogen hatte, schien Herkules nicht würdig.

Den Kopf voller Fragen suchte er Rat beim Orakel von Delphi. In diese heilige Stätte begaben sich all jene, die auf eine Weissagung hofften. Das Orakel erklärte ihm, dass er erst durch die Verrichtung der zwölf Arbeiten die Unsterblichkeit erlangen würde. Zerknirscht machte sich Herkules auf den Weg nach Mykene und nahm sein Schicksal an. Zwölf Jahre lang stellte er sich widerwillig in den Dienst seines Rivalen Eurystheus.

DIE ERSTE ARBEIT: **DAS FELL DES NEMEISCHEN LÖWEN**

Kaum war Herkules im prunkvollen Palast von Mykene angekommen, hallte die Stimme des Königs Eurystheus laut von den Wänden: »Herkules, endlich bist du zur Vernunft gekommen! Als deine erste Aufgabe sollst du mir das Fell des nemeischen Löwen bringen.«

Bisher war noch niemand, der sich auf die Jagd nach diesem ungeheuren Raubtier begeben hatte, zurückgekehrt. Eurystheus hoffte, dass es dem jungen Helden genauso ergehen würde.

»Den Dienst erfülle ich mit Leichtigkeit«, erwiderte Herkules unerschrocken und begab sich auf die Peloponnes, eine griechische Halbinsel, wo das Biest hauste. Im Land erzählte man sich fürchterliche Geschichten: Der wilde Löwe sei unermesslich stark und könne mit keiner menschlichen Waffe verwundet werden. Die einen munkelten, er sei der Sohn eines Riesen und einer Schlange, die anderen, er sei vom Mond auf die Erde herabgefallen.

Als Herkules in den Wald von Nemea kam, suchte er überall nach dem gefürchteten Tier. Die Sonne war schon fast hinter den Baumkronen versunken, da entdeckte er den Löwen auf einem schmalen Pfad. Frisch gesättigt kehrte er von einem Beutezug zurück und leckte sich zufrieden mit der Zunge über die spitzen Zähne.

Flugs sprang der Held in ein dichtes Gebüsch und lauerte hinter den verzweigten Ästen, bis der Löwe näher kam – dann schoss er ihm kühn einen Pfeil zwischen Rippen und Hüfte.

»Hab ich dich, du Bestie!«, triumphierte Herkules. Doch er hatte sich zu früh gefreut: Die Pfeilspitze prallte wie von einem Stein ab und landete auf dem moosigen Waldboden. Das Tier hob den Kopf und knurrte bedrohlich.

Auch der zweite Pfeil, der mitten in die Brust traf, prallte ab und fiel vor die Pranken des Ungetüms. Flink griff Herkules zum dritten Pfeil, als der Löwe ihn plötzlich zwischen den Zweigen erblickte. Seine Mähne sträubte sich und unter wildem Gebrüll sprang er kampfbereit mit einem Satz auf seinen Angreifer zu.

In diesem Moment versetzte Herkules dem Tier mit seiner Keule einen gewaltigen Schlag auf den Kopf, sodass es mitten im Sprung zu Boden stürzte. Ehe der Löwe wieder zu Atem kommen konnte, näherte sich Herkules von hinten, schlang die Arme eng um den mächtigen Nacken und sandte schließlich dessen Seele in die Unterwelt.

So hatte Herkules die erste Aufgabe erfolgreich gemeistert. Mit dem Fell des nemeischen Löwen über den Schultern machte er sich stolz auf den Rückweg nach Mykene.

Als der König ihn mit dem Fell daherkommen sah, traute er seinen Augen kaum – die göttliche Kraft des Helden bereitete Eurystheus solche Angst, dass er sich in einem eisernen Topf verkroch. Von dort ertönte seine zitternde Stimme: »Halbgott, du warst siegreich, nun verschwinde auf der Stelle!«

Herkules konnte nur schwer ein Lachen zurückhalten. Aus dem Löwenfell fertigte er sich später einen Panzer, aus dem Haupt des Tieres einen neuen Helm. Wahrhaft prächtige Trophäen!

DIE ZWEITE ARBEIT: **DIE ERLEGUNG DER HYDRA**

Der König ließ seinen Blick nachdenklich in die Ferne schweifen: »Von der zweiten Aufgabe wird Herkules gewiss nicht zurückkehren. Er soll die grausige Hydra erlegen!«

Dies war eine riesige Schlange mit neun Köpfen, von denen einer unsterblich war. Wenn die Hydra eines ihrer Häupter verlor, so wuchsen augenblicklich zwei weitere nach.

Herkules wusste, dass die Schlange im Sumpf von Lerna lebte und das umliegende Land verwüstete. Um die Reise anzutreten, benötigte er eine Kutsche, denn der Sumpf war zu Fuß nicht zu erreichen. Daher suchte er seinen Gefährten Iolaos auf, einen geschickten Wagenlenker, und fragte ihn: »Mein Freund, wirst du mir beim Kampf mit der Hydra zur Seite stehen?«

»Lieber Herkules, es wäre mir eine Ehre!«, erwiderte Iolaos freudig.

Gemeinsam sahen die beiden Freunde dem Abenteuer mutig entgegen und bestiegen ihren Wagen. Im Reich der Schlange angekommen, rief Herkules: »Halt an, Iolaos! Ich sehe die Quelle, bei der sich die Höhle der Hydra befindet.«

Sogleich sprang er vom Wagen und zwang die vielköpfige Schlange durch brennende Pfeile, ihr Versteck zu verlassen. Zischend schlängelte sie

sich auf ihn zu, während ihre neun Hälse bedrohlich hin und her schwankten, wie Bäume im Sturm.

Herkules ging ihr unerschrocken entgegen und versuchte, sich zu den Köpfen vorzukämpfen. Während die Hydra einen seiner Knöchel umschlang, ließ der Held seine Keule donnernd auf die mächtigen Köpfe niederschmettern. Aber er konnte die gigantische Schlange nicht überwältigen, denn tatsächlich: Sobald ein Haupt zerschlagen war, wuchsen aus diesem auf der Stelle zwei neue hervor! Zu allem Übel kam der Hydra ein Riesenkrebs zu Hilfe, der den Helden mit seinen großen Scheren am Fuß festhielt. Herkules fluchte vor Schmerz und machte den Widersacher mit einem kräftigen Hieb unschädlich.

»Zu Hilfe, Iolaos! Die Schlange will nicht weichen!«, schrie er schließlich entsetzt. Sein Gefährte eilte sofort herbei – in weiser Voraussicht hatte Iolaos eine Fackel entzündet und setzte damit den nahegelegen Waldrand in Brand. Als sich das Feuer ausbreitete, erfassten die lodernden Flammen die Häupter der Schlange und hinderten diese so daran, nachzuwachsen.

Damit war das Schicksal der Hydra besiegelt. Der Held überwältigte die riesige Schlange und schlug ihr zuletzt auch den unsterblichen Kopf ab. Um sicherzugehen, dass dieser niemals wieder Schaden anrichtete, begrub er ihn und wälzte einen schweren Stein darüber.
In das giftige Blut der Hydra tauchte er seine Pfeile, die seitdem unheilbare Wunden verursachten. Beglückt über die Erfüllung der zweiten Aufgabe zog er zurück nach Mykene zum Palast des Eurystheus.

DIE DRITTE ARBEIT: **DER FANG DER HIRSCHKUH KERYNITIS**

Der König lief mürrisch in seinem Thronsaal hin und her.

»So kann es nicht weitergehen, am Ende wird Herkules noch Herrscher über mein geliebtes Land!«

Stirnrunzelnd grübelte er über die dritte Aufgabe nach, bis ihm eine raffinierte Idee kam. Sogleich ließ er den Halbgott zu sich rufen und sprach hochmütig: »Hast du schon von der Hirschkuh Kerynitis gehört? Ich will, dass du sie lebendig fängst!«

»Gewiss, jeder kennt sie – Kerynitis ist ein herrliches Tier mit goldenem Geweih – so flink und elegant wie kein anderes Geschöpf in Griechenland«, entgegnete Herkules bedächtig und brach auf. Meist weidete die scheue Hirschkuh auf dem grünsten Hügel Arkadiens, einer blühenden Landschaft mitten auf der Peloponnes. Schon vor ihm hatten viele vergeblich versucht, die Hindin einzufangen. Sie war eine der fünf Hirschkühe, an denen die Göttin Artemis ihre Jagdprobe abgelegt hatte. Daraufhin ließ Artemis Kerynitis als einzige in die Wälder zurücklaufen, weil es vom Schicksal beschlossen war, dass Herkules sich einstmals an ihr müde jagen sollte.

In Arkadien angekommen, verfolgte der junge Held sie ein ganzes Jahr. Die Spuren führten ihn bis ins ferne Land Hyperborea. Dort holte er die Hirschkuh endlich am Ufer eines Flusses ein, wo sie friedlich graste.

Herkules überlegte: »Das schöne Tier ist selbst für mich zu schnell. Am besten lähme ich es mit einem meiner giftigen Pfeile!«

Konzentriert spannte er den Bogen und schoss. Mit einem Zischen schwirrte der Pfeil durch die Luft und durchbohrte das dichte Fell des Tieres. Kaum fiel die prächtige Hirschkuh betäubt zu Boden, schnellte Herkules hervor.

»Hab ich dich!«, murmelte er, warf sich die reglose Kerynitis über seine starken Schultern und trug sie durch Arkadien.

Hier trat ihm die Jagdgöttin Artemis in den Weg. Erbost rief sie: »Herkules, du willst das Tier töten, das mir heilig ist!«

»Ich kam nicht, um das heilige Tier zu töten, große Göttin«, besänftige dieser sie. »Seht selbst: Die Hirschkuh lebt. Ich sah mich gezwungen, sie mit Schlangengift zu lähmen. Wie sonst könnte ich die Aufgabe des Eurystheus bewältigen?«

»Nun gut, so will ich dir verzeihen«, sprach die Göttin großmütig. »Setze deinen Weg nach Mykene fort.«

Eurystheus hatte nicht mehr mit Herkules' Rückkehr gerechnet und war sichtlich überrascht, als dieser mit Kerynitis seinen Palast betrat. Fassungslos starrte er auf die schlafende Hirschkuh und verließ augenblicklich den Thronsaal. Heiße Zornesröte stieg ihm ins Gesicht: »Für die nächste Aufgabe überlege ich mir etwas Ungeheuerliches, das selbst ein Herkules nicht bewältigen kann!«

DIE VIERTE ARBEIT: **DER FANG DES ERYMANTHISCHEN EBERS**

»Ich verlange, dass du mir nun den erymanthischen Eber lebendig bringst! Er zerstört die Gegend um den Berg Erymanthos und versetzt das Volk in Angst und Schrecken«, schäumte es aus Eurystheus heraus und er verschwand sogleich in den Tiefen des Palastes.

Herkules zuckte gleichgültig mit den Schultern und begab sich auf den mühsamen Weg in das Gebirge. Auf der Wanderung rastete er unterwegs bei seinem Freund Pholos. Dieser war ein Zentaur, halb Mensch, halb Pferd, und empfing Herkules freundlich mit einem reich gedeckten Tisch.

»Hab Dank für deine Einladung, die Speisen sehen köstlich aus! Was kannst du mir zu trinken anbieten?«, fragte Herkules.

»Es liegt zwar ein Fass Wein in meinem Keller«, entgegnete Pholos, »dieses aber gehört allen Zentauren. Ich habe Bedenken, es zu öffnen und sie damit zu verärgern. Wie du weißt, ist unser Volk wenig gastfreundlich.«

»Keine Angst«, winkte Herkules gelassen ab, »ich verspreche dir, dich gegen all ihre Angriffe zu verteidigen. Mich dürstet!«

Zögerlich schaffte Pholos das schwere Fass in die Stube. Kaum hatte er es geöffnet, rochen die Zentauren von weither den schweren Duft des Weins und eilten scharenweise herbei. Bewaffnet mit Felsstücken und Fichtenstämmen umringten sie die Höhle ihres Verwandten. »Pholos, du Verräter!«, tönte es laut aus der Menge. »Du willst unseren besten Wein mit einem Fremden genießen?«

Nach diesen Worten stürmten sie wutentbrannt Pholos' Höhle. Herkules sprang angriffslustig auf die wilden Wesen zu und jagte sie mit geschleuderten Feuerbällen bis ans Meer.

Als er in die Stube seines Freundes zurückkehrte, fand er Pholos dort leblos auf. Im Kampfgetümmel hatte er sich versehentlich tödlich an einem giftigen Pfeil verletzt. Zutiefst betrübt bestattete Herkules ihn ehrenvoll und zog weiter, um endlich seine Arbeit zu verrichten. Mit gellendem Geschrei trieb er den erymanthischen Eber aus dem Dickicht eines Waldes heraus und verfolgte ihn bis in ein tiefes Schneefeld. Das Wildschwein kam hier mit seinen kurzen Beinen nur langsam voran und blieb schließlich schnaubend im kalten Schnee stecken. Nun fing Herkules das erschöpfte Tier mit einem Strick und brachte es lebendig nach Mykene.

DIE FÜNFTE ARBEIT: **DIE STÄLLE DES AUGIAS**

König Eurystheus verlor langsam die Geduld und stampfte zornig mit dem Fuß auf: »Oh, dieser vermaledeite Herkules! Keine der Aufgaben scheint ihm zu schwer. Doch dieses Mal soll er eine Arbeit verrichten, die keines Helden würdig ist ...« Er grinste hämisch und ließ Herkules auf der Stelle zu sich rufen.

»Du sollst den Viehhof des Augias ausmisten, aber dafür hast du nur einen Tag Zeit«, polterte er.

Augias war König in Elis und besaß zahlreiche Viehherden. Dreitausend Rinder lebten in einem großen Stall vor dem Palast, wie es Tradition war. So hatte sich eine gewaltige Menge Mist angehäuft – unmöglich, das alles an einem Tag hinauszuschaffen.

Kaum im Palast des Königs Augias angekommen, bot der Held ihm seinen Dienst an. Vom Auftrag des Eurystheus erwähnte Herkules aber nichts. König Augias betrachtete den stattlichen Halbgott von oben bis unten – da konnte er ein Lachen nicht unterdrücken und dachte bei sich: »Wie kann so ein edler Krieger Lust auf solch einen übelriechenden Stalldienst verspüren? Niemals wird er es meistern, den ganzen Stall in so kurzer Zeit auszumisten. Da kann ich ihm getrost einen großen Lohn für seinen Dienst versprechen.«

Darum sprach er hochmütig: »Höre, Fremder, wenn du diese Tat vollbringst, so will ich dir

ein Zehntel meiner ganzen Viehherde zur Belohnung überlassen.«

»So soll es sein«, erwiderte Herkules zufrieden und zog als Zeugen jener Vereinbarung den Sohn des Augias, Phyleus, heran. Danach besah er sich die Unmengen an Mist und rümpfte die Nase.

»Worauf wartest du? Fang an zu graben!«, rief der König dem Helden höhnisch zu und warf ihm einen dreckigen Spaten vor die Füße. Herkules aber schaufelte nicht etwa den Mist fort, sondern grub stattdessen einen tiefen Kanal bis zum nächstgelegenen Fluss. Augenblicklich strömte das Wasser mit voller Kraft in den Stall und schwemmte die riesigen Misthaufen hinweg.

»Ha! Ich habe den Auftrag gemeistert, ohne mich als Halbgott durch schmutzige Arbeit zu erniedrigen!«, lachte Herkules und betrachtete stolz sein Werk. Augias hingegen fühlte sich betrogen. Als er außerdem erfuhr, dass Herkules den Stall im Auftrag des Eurystheus ausgemistet hatte, verweigerte er dem Helden den versprochenen Lohn und leugnete gar, diesen angeboten zu haben. Herkules war außer sich vor Wut: »Du bist ein Lügner! Lass uns mit dem Streit vor Gericht ziehen!«

Augias willigte siegessicher ein. Als das Urteil von den Richtern gefällt werden sollte, forderte Herkules den jungen Phyleus auf, als Zeuge auszusagen. Dieser zögerte kurz und sah mit verängstigtem Blick zu seinem Vater hinüber, doch dann sprach er die Wahrheit: »Herkules und mein Vater hatten sich auf einen Lohn für das Ausmisten des Stalls geeinigt.«

Empört über den Verrat des eigenen Sohnes befahl König Augias: »Genug! Verlasst mein Reich auf der Stelle! Und du, Phyleus, bist nicht länger mein Sohn!«

Glücklich zog Herkules zusammen mit seinem Lohn von dreihundert Rindern los, um Eurystheus von der Erledigung der fünften Aufgabe zu berichten.

DIE SECHSTE ARBEIT: **DIE VERTREIBUNG DER STYMPHALIDEN**

In Erwartung neuer Abenteuer kehrte Herkules zum König zurück, der nicht glauben konnte, dass der Halbgott schon wieder erfolgreich gewesen war. Um seine Verwunderung zu verbergen, trug er ihm schnell die nächste Arbeit auf.

»Kennst du die ungeheuren Raubvögel, auch Stymphaliden genannt? Sie sind groß wie Kraniche, mit eisernen Flügeln, grässlichen Schnäbeln und schrecklichen Klauen«, sprach Eurystheus ehrfürchtig.

»Ja, sie sind mir wohlbekannt«, nickte Herkules, »die Vögel hausen um den See Stymphalos in Arkadien und sind fähig, ihre Federn wie Pfeile abzuschießen. Mit den Schnäbeln können sie sogar eiserne Panzer durchbrechen. So verängstigen sie Mensch und Tier – aber nicht mich!«

Nach kurzer Reise kam Herkules an den See, der von einem dichten Wald umschattet ruhte. Auf den Baumkronen hatte sich eben eine unermessliche Schar der Stymphaliden niedergelassen. Bei deren Anblick geriet selbst der junge Held ins Grübeln: Wie sollte er gegen so viele Feinde am Himmel siegen? Plötzlich spürte er eine leichte Berührung an der Schulter – hastig blickte er hinter sich und erkannte die riesenhafte Erscheinung der Göttin Athene. Erleichtert fragte er sie: »Holde Göttin der Weisheit, habt Ihr einen Rat, wie ich diese grässlichen Vögel vertreiben kann?«

Sie überreichte ihm mit ernster Miene zwei mächtige Klappern.

»Schlage damit die fürchterliche Vogelbrut in die Flucht. Hephaistos, Gott der Schmiedekunst, hat sie eigens für dich angefertigt«, sprach sie hoheitsvoll und verschwand genauso unverhofft, wie sie aufgetaucht war. Staunend betrachtete Herkules die Instrumente, die beim Zusammenschlagen einen ohrenbetäubenden Lärm verursachten, und wusste sofort, was zu tun war: Emsig bestieg der Halbgott eine Anhöhe in der Nähe des Sees.

»Gleich wird euch Hören und Sehen vergehen«, flüsterte er und schlug die Klappern mit aller Kraft aneinander. Die Raubvögel waren von dem Getöse zu Tode erschreckt – sofort breiteten sie ihre mächtigen Schwingen aus und flogen davon. Auf diese Gelegenheit hatte Herkules gewartet: Geschwind griff er zum Bogen, legte Pfeil um Pfeil an und schoss viele der Untiere vom tiefblauen Himmel. Die übrigen flohen mit gellenden Schreien und wurden nie mehr gesehen.

Als Eurystheus von dem erneuten Sieg des Helden erfuhr, wurde ihm angst und bange. Verzweifelt hob er die Hände vor das Gesicht: »Nur noch sechs Aufgaben, die diesen Angeber von seiner Unsterblichkeit trennen. Ich muss mir noch härtere Proben einfallen lassen!«

DIE SIEBTE ARBEIT: **DER FANG DES WILDEN STIERS VON KRETA**

König Eurystheus suchte verbissen nach einer neuen Aufgabe, an der Herkules endlich zu Grunde gehen sollte. Da kam ihm eine Geschichte in den Sinn, die sich auf der griechischen Insel Kreta zugetragen hatte.

Der Meeresgott Poseidon war einst unter lautem Rauschen dem Wasser entstiegen, um König Minos von Kreta aufzusuchen. Allzu lange hatte dieser ihm nun schon kein Opfer mehr dargebracht, was den Meeresgott sehr erzürnte. Drohend ließ er am Horizont tosend Wellen aufsteigen und krachend wieder zusammenstürzen, sodass die Gischt hoch in den Himmel spritzte.

»Aber, großer Poseidon«, rechtfertigte sich König Minos, unwillig, etwas von seinem Besitz abzugeben, »kein Lebewesen in meinem Land ist würdig, Euch als hohes Opfer zu dienen.«

»Nun gut«, antwortete der Meeresgott, »so opfere mir das Tier, welches zuerst aus den Wogen auftaucht.«

»Natürlich, mächtiger Poseidon, das will ich tun!«, versprach König Minos und verbeugte sich demütig.

Um ihn zu prüfen, ließ Poseidon kurze Zeit später einen besonders schönen Stier dem Meer entsteigen. Als der König das imposante Wesen erblickte, dachte er bei sich: »Welch anmutige Gestalt er doch besitzt, wie herrlich sein Fell in der Sonne glänzt ...«

Der König konnte ihn einfach nicht hergeben.

Kurzerhand beschloss er, das stattliche Tier heimlich in seiner Viehherde zu verstecken und Poseidon ein gewöhnliches Rind zu opfern.
Der Gott aber, der alles beobachtet hatte, ließ das Meer in wilder Wut aufbrausen und rief: »Diese Hinterlist wird nicht ungestraft bleiben, Minos!«

Poseidon richtete seinen Dreizack auf den Stier und ließ ihn rasend werden. Seitdem sorgte der Bulle in der Gegend für große Zerstörung. Frohlockend rieb sich Eurystheus die Hände. »Herkules, den rasenden Stier von Kreta zu bändigen, soll deine siebte Aufgabe sein!«

Voller Tatendrang machte sich der Held auf den Weg zur Insel Kreta. Dort angekommen, nahm er sogleich die Fährte auf, die ihn durch zerstörte Dörfer und Wälder führte. Es dauerte nicht lange, bis Herkules den Stier entdeckte und ihn mit seiner unermesslichen Kraft an den Hörnern mühelos zu Boden riss.

»Und erneut habe ich eine Aufgabe bewältigt!«, rief der Held freudig. Triumphierend ließ er sich von dem bezwungenen Tier übers Meer tragen, bis zum Palast des König Eurystheus. »Wie ich sehe, hat dir auch der Stier keine Schwierigkeiten bereitet«, sprach der König verbissen und versuchte, seine Missgunst abermals zu verbergen.

DIE ACHTE ARBEIT: **DIE ZÄHMUNG DER STUTEN DES DIOMEDES**

Als Herkules erneut den Saal des Königs betrat, fragte er wacker: »Nach Löwen, Hirschkühen, Mist und Stieren bin ich gespannt auf meine nächsten Arbeiten. Welche Aufgabe darf ich dieses Mal erfüllen?«

»Freu dich nicht zu früh!«, antwortete Eurystheus, »Gewiss kennst du die Stuten des Diomedes. Allein ihr grausiger Anblick würde mir meine ärgsten Feinde gewiss vom Leib halten. Du sollst die Stuten zu mir nach Mykene bringen.«

»Dein Wunsch sei mir Befehl.«

Von Diomedes hatte Herkules bereits gehört. Dieser jähzornige König herrschte über ein kriegerisches Volk und besaß menschenfressende Stuten, die so ungestüm und stark waren, dass man sie mit eisernen Ketten festbinden musste.

Herkules näherte sich dem Reich des Diomedes und konnte schon von weitem das furchteinflößende Schnauben der Tiere hören. Als er sie auf der Weide erblickte, stockte ihm kurz der Atem: Hasserfüllte, rote Augen blitzten ihn hungrig an und folgten jedem seiner Schritte. Doch davon ließ sich Herkules nicht einschüchtern und er betrat kampfbereit die eingezäunte Koppel, nachdem er die zwei Wachen an den Toren übermannt hatte. Von dort rief er dem König, der auf der anderen Seite des Gatters stolz seine Stuten betrachtete, lauthals zu: »Diomedes, wenn dir dein Leben lieb ist, händige mir deine Pferde aus! So will es Eurystheus.«

»Niemals bekommst du meine wilden Stuten, du Schurke!«, brüllte Diomedes und rannte mit erhobenem Schwert auf Herkules zu. Der Held aber setzte sich geschickt zur Wehr. Problemlos packte er Diomedes am Kragen und warf ihn seinen eigenen Stuten zum Fraß vor. Wie durch ein Wunder wurden die Tiere dadurch zahm und ließen sich mit Leichtigkeit führen. Daraufhin trieb der Held sie mit starker Hand an die Küste des Meeres bis nach Mykene.

»Hier hast du deine bissigen Stuten, Eurystheus. Sie sind nun lammfromm«, verkündete Herkules spöttisch.

Der König konnte kaum glauben, was er sah, und murmelte zitternd vor Wut: »Bald wird dir dein Lachen vergehen, die nächste Aufgabe wird tödlich für dich enden!«

DIE NEUNTE ARBEIT: **DER GÜRTEL DER HIPPOLYTE**

Das neunte Abenteuer sollte Herkules in das Reich der majestätischen Amazonen führen.

»Herkules, schaff' mir den prunkvollen Gürtel der Amazonen-Königin Hippolyte herbei.«

»So sei es. Wo finde ich diese Königin?«, fragte Herkules.

Eurystheus erklärte: »Die Amazonen, ein großes, kriegerisches Frauenvolk, bewohnen eine Gegend um den Fluss Thermodon. Unter ihren Kindern erziehen sie nur die Mädchen, die schon früh im Kampf ausgebildet werden.«

Herkules wählte für dieses Abenteuer eine kampferprobte Mannschaft aus und fuhr mit ihnen über das Schwarze Meer. Je näher sie dem Reich der Amazonen kamen, desto dunkler und geheimnisvoller wurde das grüne Dickicht. Unheimliche Stille umgab das Schiff und alle hielten gebannt Ausschau nach den Amazonen.

»Seht doch! Das muss die Amazonen-Stadt sein«, verkündete Herkules schließlich. Im Hafen erwartete sie bereits die Königin Hippolyte, umgeben von anmutigen Kriegerinnen mit gespannten Bögen. Angriffslustig erhob sie ihren Speer und fixierte Herkules mit funkelnden Augen: »Sprich, Fremder, was hast du in unserem Reich zu suchen?«

»Mein Name ist Herkules, Sohn des Zeus. Ich bitte Euch, händigt mir Euren schönen Gürtel aus. Nur so kann ich die Unsterblichkeit erlangen!«

»Sei gegrüßt, Herkules. Von deinen unzähligen Heldentaten habe ich gehört. Wo immer du auftauchst, stiftest du Frieden. Deshalb bin ich bereit, dir zu helfen.«

»Teure Königin, dafür bin ich Euch zu tiefstem Dank verpflichtet!«

Doch in diesem Augenblick tauchte in Gestalt einer Amazone die Göttin Hera auf – Erzfeindin des Herkules. Abermals versuchte sie, seine Pläne zu vereiteln, indem sie sich unter das Volk mischte und hasserfüllt schrie: »Seht ihr denn nicht, dass dieser Schurke die Königin entführen will? Haltet ihn!«

Sogleich schwangen sich alle Kriegerinnen auf ihre Pferde und stürmten auf die Ankömmlinge zu. Einige kämpften mit den Gefährten des Helden, die Mutigsten aber stellten sich ihm selbst entgegen. Die erste, die ihre Waffen gegen ihn erhob, hieß wegen ihrer Schnelligkeit Aëlla, auch Windsbraut genannt. Doch Herkules kam jedem ihrer Angriffe zuvor, bis Aëlla geschlagen davoneilte.

Nachdem der Held unzählige Kämpferinnen besiegt und selbst deren tapfere Anführerin Melanippe gefangen hatte, legte die Amazonen-Königin ihren Gürtel ab: »Wie versprochen händige ich dir meinen goldenen Gürtel aus. Wenn du aber nicht nur ein mächtiger Krieger bist, sondern auch ein Mann der Ehre, so lass im Gegenzug meine Schwester Melanippe frei.«

Herkules stimmte zu: »Auf diesen Handel will ich mich gerne einlassen.«

Und so begab er sich mit dem Gürtel und seiner Mannschaft wieder auf hohe See, um zurück zu König Eurystheus' Palast zu eilen.

DIE ZEHNTE ARBEIT: **DIE RINDER VON ERYTHIA**

Auch nachdem der Halbgott den Gürtel der Königin Hippolyte zu Eurystheus' Füßen niedergelegt hatte, gönnte dieser ihm keine Rast.

»Sag, Herkules, hast du schon von dem Riesen Geryones und seinen außergewöhnlich schönen Rindern gehört? Ich muss sie haben, bring sie mir!«

»Wo finde ich diese stattlichen, braunroten Geschöpfe?«

»Die Herde weidet auf der spanischen Insel Erythia. Dort werden sie von einem zweiköpfigen Hund und einem anderen Riesen bewacht. Geryones selbst ist ein furchterregendes Ungeheuer, er hat drei Leiber, drei Köpfe, sechs Arme und sechs Füße. Kein Mensch hat es je gewagt, ihm unter die Augen zu treten.«

Herkules begab sich entschlossen auf den weiten Weg und landete zuerst in Libyen. Während er auf einer ermüdenden Wanderung ödes Land durchquerte, brannte die Sonne entsetzlich. Schließlich ertrug Herkules die Hitze nicht länger, richtete seine Augen gen Himmel und rief: »Sonnengott, ich verfluche dich! Warum gönnst du mir keinen Schatten?«

Dieser blickte anerkennend auf den verärgerten Halbgott herab.

»Sich gegen mich zu stellen, beweist Mut! Nimm als Zeichen meiner Anerkennung diese goldene Schale, in der ich des Nachts verweile.«

»Hab Dank, Sonnengott. Die Schale will ich ehren und damit nach Spanien übersetzen.«

Zuletzt kam der Held endlich auf der Insel Erythia an. Dort kämpfte er sich mit dem Schwert durch dorniges Gebüsch, bis er seine Widersacher von weitem erblickte.

Sobald der zweiköpfige Hund seine Ankunft witterte, fletschte er die scharfen Zähne und stürmte auf den Halbgott los.

»Komm her, ich habe keine Angst!«, schrie dieser dem Hund zu und schwang seine mächtige Keule. Mit einem pfeifenden Geräusch fuhr der Knüppel auf das Untier nieder, worauf es taumelnd zu Boden sackte. Auch den Riesen, der die Rinder bewachte, setzte Herkules bald außer Gefecht. Nun rannte er zu den Tieren und löste sie gerade von ihren Ketten, als Geryones ihn schnellen Schrittes einholte. Wild bäumte der Riese sich auf und versuchte, den Halbgott mit seinen sechs Armen zu fassen. Da erschien Hera wie aus dem Nichts: »Geh in Deckung, Geryones, ich will den elenden Kerl für dich erledigen!« Kampfbereit stellte sie sich Herkules entgegen und erhob ihr scharfes Schwert.

»Hera, du Feindin aus der Hölle, dieses Mal entkommst du mir nicht!«, rief Herkules und schoss der Göttin geschwind einen Pfeil in die Brust, sodass sie verwundet entfliehen musste. Als Nächstes streckte er auch den dreifachen Leib des Riesen mit einem vergifteten Pfeil nieder.

Nach diesen außerordentlichen Taten beruhigte Herkules die vielen Rinder mit sanfter Stimme und trieb die zahme Herde bis nach Griechenland zurück, beflügelt vor Glück.

DIE ELFTE ARBEIT:
DIE GOLDENEN ÄPFEL DER HESPERIDEN

Als König Eurystheus abermals einen tückischen Plan schmiedete, wie er Herkules ins Verderben treiben könne, dachte er an eine alte Legende, die in ganz Griechenland bekannt war: Vor langer Zeit, als der Göttervater Zeus und Hera Hochzeit feierten, wurden sie von allen Göttern reich beschenkt. Gaia, Göttin der Erde, wollte dem frisch vermählten Ehepaar eine ganz besondere Aufmerksamkeit darbieten. Sie ließ am Rande des großen Weltmeeres einen stattlichen Baum voll goldener Äpfel heranwachsen, die ewige Jugend verliehen.

»Diesen Baum wird der verflixte Herkules niemals finden!«, sprach der König freudig und ließ nach dem Helden rufen. »Bring mir drei der goldenen Äpfel aus dem heiligen Garten, der von den Hesperiden, vier zauberhaften Jungfrauen, behütet wird!«

Herkules verbeugte sich spöttisch: »Obst soll ich ernten? Eurystheus, deine Aufgaben werden immer merkwürdiger! Nun gut, wo kann ich die Hesperiden finden?«

»Das vermag ich dir auch nicht zu sagen. Niemand weiß, wo sich der Baum befindet.«

Herkules zog sofort los, da murmelte der König: »Vielleicht kann er die Hesperiden überlisten, aber dem Drachen Ladon, der ebenso in dem heiligen Garten haust, wird er nicht entkommen! Dieses Ungetüm schläft nie und ein fürchterliches Zischen verkündet seine Nähe ...«

Als Herkules auf seiner Suche nach dem Baum endlich in das Land der Hesperiden gelangte, durchstreifte der mutige Halbgott unter mancherlei Abenteuern Libyen und Ägypten.

Am westlichsten Punkt der damaligen Welt angekommen, betrat Herkules das Reich der Titanen, ein mächtiges Volk von Riesen in Menschengestalt. Schon von weither sah er den Titan Atlas, der die gewaltige Last des Himmelsgewölbes auf seinen Schultern trug, damit der Himmel nicht auf die Erde fiel. Das heutige Atlas-Gebirge im Nordwesten Afrikas trägt bis heute seinen Namen. Die Begegnung kam Herkules sehr gelegen, denn Atlas war der Vater der Hesperiden. Lauthals rief der Held ihm zu: »Mein Freund! Ich will dir den Himmel für eine Weile abnehmen, wenn du mir dafür drei goldene Äpfel pflückst, die im Garten deiner Töchter wachsen!«

Atlas antwortete überaus erfreut: »Das würdest du für mich tun? Die Äpfel besorge ich dir liebend gern, solange ich diese Last für eine Weile abgeben kann!«

Herkules hob also das Himmelsgewölbe unter leichtem Ächzen auf seine Schultern, während Atlas befreit die Arme in die Luft reckte und sich auf den Weg begab. An den Pforten des heiligen Gartens angekommen, entdeckte er den Drachen Ladon, der sich um den goldenen Apfelbaum ringelte. Mit einem leisen Summen schläferte der Titan das zischende Ungeheuer ein und betrat die grüne Oase, wo die Hesperiden sogleich freudestrahlend auf ihn zuliefen.

»Meine liebsten Töchter! Endlich sehen wir uns wieder. Herkules hat mich für kurze Zeit von meiner Last befreit, dafür schulde ich ihm drei goldene Äpfel. Seid ihr so freundlich, sie mir zu überlassen?«

»Oh Vater, endlich können wir dich wieder in die Arme schließen! Auf diesen Tag haben wir allzu lange gewartet. Herkules sei Dank, seinen Wunsch wollen wir ihm gern erfüllen. Hier, nimm die gelobten Früchte.«

Vater und Töchter umarmten sich ein letztes Mal und Atlas kehrte wehmütig zu Herkules zurück. Doch während er dahinschritt, wurde ihm bewusst, wie frei er sich ohne den Himmel auf seinen Schultern fühlte. So warf er die glänzenden Äpfel vor dem Halbgott zu Boden und ließ ihn mit dem unerträglichen Gewicht auf den Schultern stehen. Herkules ersann daraufhin eine List: »Atlas! Bitte erlaube nur, dass ich mir weiche Bänder um den Kopf legen kann, denn das Himmelsgewölbe drückt unsäglich auf mein Haupt!«

Atlas willigte zögernd ein: »Nun gut, deinen Kopf sollst du schützen dürfen.«

Nachdem aber Herkules den Himmel wieder an den Titan übergeben hatte, seufzte er erleichtert und bückte sich gemächlich nach den goldenen Äpfeln.

»Was soll das? Was tust du da?«, rief Atlas.

»Ein wenig tut es mir leid, aber ich habe noch Wichtiges vor und kann hier nicht meine Zeit verschwenden!«

Mit diesen Worten ließ Herkules den bestürzten Atlas zurück, ohne sich noch einmal umzudrehen – der Betrüger wurde zum Betrogenen.

Wieder in Mykene angekommen, brachte der Halbgott die gewünschten Äpfel voller Stolz zu Eurystheus, der ihn mit grimmiger Miene empfing.

»Die Äpfel kannst du behalten, ich benötige sie nicht.«

Der Held aber legte sie auf dem Altar der Göttin der Weisheit nieder. Athene wusste, dass die gelobten Früchte dazu bestimmt waren, ausschließlich im heiligen Garten aufbewahrt zu werden, und so trug sie die Äpfel wieder zu den Hesperiden zurück.

DIE ZWÖLFTE ARBEIT: **DER FANG DES HÖLLENHUNDES KERBEROS**

Eurystheus wütete: »Elf Aufgaben hat Herkules gemeistert, und mein Volk sieht zu ihm auf!«

Das zwölfte und letzte Abenteuer jedoch sollte Herkules an einem Ort bestehen, wo ihm seine Heldenkraft hoffentlich nichts nützen würde. Der König befahl: »Du kennst Kerberos, den Höllenhund. Bring mir die abscheuliche Bestie aus der Unterwelt!«

Herkules schauderte. Kerberos besaß einen langen Drachenschweif und drei Hundsköpfe mit grässlichen Mäulern, aus denen unaufhörlich giftiger Geifer tropfte. Zischende, geringelte Schlangen bildeten das Haar. Dennoch erwiderte er: »Eurystheus, wenn wir uns wiedersehen, erhaltet ihr den abscheulichen Hund – und ich endlich die selige Unsterblichkeit!«

Auf dem Weg zur Mündung der Unterwelt erschien Hermes, göttlicher Begleiter aller verstorbenen Seelen, und fragte: »Herkules, was machst du in dieser düsteren Gegend?«

»Ich suche Kerberos, den Höllenhund. Willst du mir helfen, in die Unterwelt zu gelangen?«

Darauf geleitete Hermes den Helden in die Tiefe hinab bis zum Reich des Hades, dem Gott der Unterwelt.

Die traurig umherwandelnden Schattengeister ergriffen die Flucht, als sie die lebendige Menschengestalt erblickten. Der Halbgott lief zielstrebig weiter, als die Erde unter seinen Füßen zu beben begann. Am Tor der Totenstadt baute sich plötzlich die mächtige Gestalt des Hades vor ihm auf.

»Gib acht, Feind, niemals werde ich dir Zutritt gewähren!«, donnerte er. Doch der Held hob blitzschnell sein giftiges Pfeilgeschoss und traf Hades an der Schulter, worauf er laut aufschrie.

»Wirst du mir Kerberos ausliefern oder muss ich dich erst im Kampf besiegen?«, fragte Herkules den verwundeten Herrscher. Mit schmerzverzerrtem Gesicht blickte er den Halbgott an: »Nun gut – du musst ihn jedoch ohne deine Waffen überwältigen!«

So ging der Held los, einzig mit seinem Brustpanzer bedeckt und mit dem Löwenfell um die Schultern. An einer Flussmündung kauernd fand er endlich auch den Höllenhund, der so wild zu bellen begann, dass es wie Donner von den Felsen ringsum widerhallte.

»Du vertreibst mich nicht mit deinem Gebrüll!«, rief Herkules und sprang blitzschnell auf den Hund zu. Sofort umschlang er die Bestie, obgleich sie sich aufbäumte und ihn in die Flanke biss. Der Halbgott ignorierte den stechenden Schmerz und ließ erst los, als Kerberos reglos vor ihm lag. Mit dem ohnmächtigen Hund über der Schulter machte er sich müde und erleichtert auf den Weg in die Oberwelt.

Als der Hund erstmals das Tageslicht erblickte, begann er voller Entsetzen Geifer zu speien. Davon wuchs eine Pflanze aus dem Boden hervor, die man heute noch als giftigen, blau blühenden Eisenhut kennt.

Herkules erreichte Mykene, mit Kerberos im Schlepptau, bei Sonnenaufgang. Der arglistige König Eurystheus sah schon von weitem die Silhouette des Helden auf den Palast zukommen. Er ballte in ohnmächtigem Zorn die Fäuste und tobte: »Ich verfluche dich, elender Herkules! Nun muss ich dir mein Königreich übergeben!«

Verzweifelt stolperte er aus dem Palast und hörte noch das demütigende Lachen des Helden, als er schon längst die Stadtmauern von Mykene hinter sich gelassen hatte.

Herkules wiederum war überglücklich, nach zwölf langen Jahren endlich die Unsterblichkeit erlangt zu haben.

»Vater, nun sind wir vereint!«, sprach er und hob seine Hände feierlich gen Himmel.

Da erschien Zeus, um ihn in den Olymp der Götter aufzunehmen, wo der beliebte Held von diesem Tag an seinen rechtmäßigen Platz einnahm. Herkules' spektakuläre Abenteuer sind seit jeher unvergessen – er ist bis heute der berühmteste Held der Antike. Bei Nacht kann man seine stattliche Gestalt stolz als Sternbild am Himmel leuchten sehen.

Anmerkungen

Gustav Schwab (1792–1850) war Schriftsteller, Pfarrer und lehrte Latein und Altgriechisch. Er gilt als einer der Hauptvertreter der Schwäbischen Dichterschule und sein Werk *Die schönsten Sagen des klassischen Altertums* ist eine der bedeutendsten deutschsprachigen Sammlungen der griechischen Mythologie. Ursprünglich sollte das Buch vor allem Kindern die Welt der klassischen Geschichten eröffnen. Bis heute wurde das Werk bereits in siebzehn Sprachen übersetzt.

Die vorliegende Nacherzählung folgt Gustav Schwabs Werk aus *Die schönsten Sagen des klassischen Altertums* und beinhaltet die zwölf Arbeiten des Herkules. Die Erzählung erhebt keinen Anspruch auf Vollständigkeit und einen lückenlosen Handlungsverlauf im Vergleich zum Original. Schwab hielt sich möglichst nah am genauen Wortlaut der antiken Schriftsteller, die vorliegende Erzählung wurde an den heutigen Sprachgebrauch angepasst.

Der Mythos Herkules
Herkules gilt als größter Held der griechischen Mythologie und wird in zahlreichen Quellen des antiken Griechenlands erwähnt. Er taucht auch in Homers berühmten Werken *Die Ilias* und *Die Odyssee* auf. Die Legende um ihn wurde über die Jahrhunderte immer wieder aufgegriffen und diente als Inspiration für weitere Geschichten der Römischen Ära, im Mittelalter und in der Renaissance. Mitten in Berlin erinnern noch heute zwanzig Reliefs an die Heldentaten des Herkules – der preußische König Friedrich der Große ließ einige als Reliefs im Brandenburger Tor verewigen. Mit seiner übernatürlichen Kraft ist Herkules bis heute eine beliebte Figur. Viele kennen Herkules auch aus der 1997 erschienenen Zeichentrick-Version von Walt Disney.

Die Autorin Anna Kindermann, geboren 1987 in Berlin, hat u.a. in China und Frankreich studiert und gearbeitet, ehe sie 2015 die Bereiche Marketing und Foreign Rights im Kindermann Verlag leitete. Im Jahr 2020 übernahm sie die Geschäftsführung von ihrer Mutter Barbara Kindermann. *Die zwölf Heldentaten des Herkules* ist ihr Debüt als Autorin. Sie lebt mit ihrer Familie in Berlin.

Der Illustrator Timo Becker, geboren 1988 in Hamburg, arbeitete bereits während seines Designstudiums an der Fachhochschule Münster als Illustrator für verschiedene Verlage. Darauhin folgten Illustrationen für Kinderbücher, Spiele und Serien sowie Lehrtätigkeiten. Heute lebt der mehrfach ausgezeichnete Designer und Illustrator mit seiner Familie in Hamburg. *www.timobecker.com*

SAGEN FÜR KINDER

2. Auflage 2022
Text: Anna Kindermann
Illustrationen: Timo Becker
ISBN 978-3-934029-83-5
Druck: PBtisk a.s., Příbram (Tschechien)

www.kindermannverlag.de
Instagram: @kindermannverlag

MIX
Papier | Fördert gute Waldnutzung
FSC® C004378

I **ATHENE**: GÖTTIN DER WEISHEIT & DES KAMPFES
II **POSEIDON**: GOTT DES MEERES
III **HERMES**: GOTT DER REISENDEN & DES HANDELS
IV **DEMETER**: GÖTTIN DER FRUCHTBARKEIT & ERDE
V **APHRODITE**: GÖTTIN DER SCHÖNHEIT & LIEBE
VI **HEPHAISTOS**: GOTT DES FEUERS & DER SCHMIEDEKUNST
VII **HERA**: ZEUS' GATTIN & SCHUTZGÖTTIN DER EHE
VIII **ARES**: GOTT DES KRIEGES
IX **HESTIA**: GÖTTIN DES OPFERFEUERS & DES HERDES

SAGEN FÜR KINDER

2. Auflage 2022
Text: Anna Kindermann
Illustrationen: Timo Becker
ISBN 978-3-934029-83-5
Druck: PBtisk a.s., Příbram (Tschechien)

www.kindermannverlag.de
Instagram: @kindermannverlag

FSC www.fsc.org
MIX
Papier | Fördert gute Waldnutzung
FSC® C004378

I **ATHENE**: GÖTTIN DER WEISHEIT & DES KAMPFES
II **POSEIDON**: GOTT DES MEERES
III **HERMES**: GOTT DER REISENDEN & DES HANDELS
IV **DEMETER**: GÖTTIN DER FRUCHTBARKEIT & ERDE
V **APHRODITE**: GÖTTIN DER SCHÖNHEIT & LIEBE
VI **HEPHAISTOS**: GOTT DES FEUERS & DER SCHMIEDEKUNST
VII **HERA**: ZEUS' GATTIN & SCHUTZGÖTTIN DER EHE
VIII **ARES**: GOTT DES KRIEGES
IX **HESTIA**: GÖTTIN DES OPFERFEUERS & DES HERDES